निरंजन की कहानियां

निरंजन सेन

XpressPublishing
An imprint of Notion Press

XpressPublishing
An imprint of Notion Press

Old No. 38, New No. 6
McNichols Road, Chetpet
Chennai - 600 031

First Published by Notion Press 2019
Copyright © Niranjan Sen 2019
All Rights Reserved.

ISBN 978-1-64892-010-3

This book has been published with all efforts taken to make the material error-free after the consent of the author. However, the author and the publisher do not assume and hereby disclaim any liability to any party for any loss, damage, or disruption caused by errors or omissions, whether such errors or omissions result from negligence, accident, or any other cause.

While every effort has been made to avoid any mistake or omission, this publication is being sold on the condition and understanding that neither the author nor the publishers or printers would be liable in any manner to any person by reason of any mistake or omission in this publication or for any action taken or omitted to be taken or advice rendered or accepted on the basis of this work. For any defect in printing or binding the publishers will be liable only to replace the defective copy by another copy of this work then available.

क्रम-सूची

1. मोहिनी का सफर 1
2. मोहिनी का सफर 3
3. मोहिनी का सफर 4
4. मोहिनी का सफर 6
5. टूटता विशवास 8
6. टूटता विशवास 10
7. टूटता विशवास 12
8. टूटता विशवास 13
9. टूटता विशवास 15
10. हौसले की उड़ान 17
11. हौसले की उड़ान 18
12. हौसले की उड़ान 20
13. हौसले की उड़ान 23
14. हौसले की उड़ान 24
15. हौसले की उड़ान 25

1
मोहिनी का सफर

मोहिनी का सफर (कहानी)

सुबह का समय था ठंडी ठंडी हवा चल रही थी मोहिनी गाना गुनगुनाने के साथ साथ अपने बैग को तैयार कर रही थी। मोहिनी के लिए कल का दिन बहुत ही सौभाग्यशाली होगा क्योंकि मोहिनी श्याम की बस से upsc नौकरी के लिए इंटरव्यू देने जा रही थी बस वह उसी ख्यालों में डूबी थी।

मोहिनी एक होनहार लड़की थी वह पढ़ने में बहुत होशियार थी वह अपनी कक्षा में हमेशा प्रथम स्थान आती थी। उसने यूपीएससी की परीक्षा पास की थी और अब उसे इंटरव्यू के लिए जाना था।

श्याम को मोहिनी सही समय पर बस स्टैंड पहुंची और बस भी नियत समय पर आ गई। मोहिनी बस में चढ़ी और अपनी सीट पर बैठ गई। बस में सन्नाटा था सभी के कानों में ईयर फोन और हेडफोन लगे हुए थे और सभी अपने अपने मोबाइल में मशगूल थे। मोहिनी भी शांत मुद्रा में बैठ गई और बाहरी नजारा देखती रही और कल के ख्याल उसके मन में आने लगे क्योंकि कल वह अपना भविष्य देख रही थी।

दो स्टेशनों के बाद जब बस रुकी तो लगभग 50 वर्ष का बूढ़ा आदमी बस में चढ़ा परंतु उसकी सीट कंफर्म नहीं थी। इसलिए वह एक उम्मीद की टकटकी लगाए सीट पर बैठे हैं हर नौजवान को देख रहा था और सोच रहा था कि कोई जवान उसे सीट दे देगा परंतु केवल यह सोच बन कर रह

गई और मन ही मन सोचने लगा कि समाज कितना बदल गया है। क्योंकि सभी अपने फोन में बिजी थे किसी ने भी उसको सीट नहीं दी।

2
मोहिनी का सफर

वह आगे बढ़ता गया और मोहिनी ने उसको देखा और वह सब समझ गई।

वे अपनी सीट से खड़ी हो गई और उस वृद्ध को सीट दे दी मोहिनी बस के डंडे का सहारा लेकर सफर करने लगी। रात भर का सफर था वे थकी हारी थी इसलिए वह इसका सहारा लेकर झपकी लेने लगी।

जब वह स्टेशन पर उतरी तो उसे देखकर सभी अवाक रह गए। क्योंकि वह विकलांग थी और धीरे-धीरे बस से उतरने लगी। हर कोई उसे भावुक नजर से देख रहे थे ।और मन ही मन ग्लानि महसूस कर रहे थे कि एक विकलांग ने इतना बड़ा त्याग किया।

मोहिनी के दिमाग में उसके इंटरव्यू का खेल चल रहा था वह सुबह उठी और नियत समय पर इंटरव्यू देने पहुंच गई।

जब उसका नंबर आया तो वह देखकर बहुत चक्की रह गई क्योंकि जिसको उसने रात में सीट दी थी वह बूढ़े थी उसका इंटरव्यू ले रहा था।

मोहिनी को देखते ही वह बूढ़ा व्यक्ति उसे पहचान गया।

मोहिनी ने अपने इंटरव्यू दिया और इंटरव्यू देने के बाद उस व्यक्ति ने मोहिनी को बेस्ट ऑफ लक कहा मोहिनी बाहर आ गई और बस अपने रिजल्ट के बारे में सोचने लगी।

ना जाने परिणाम क्या होगा? शायद बस वही सोच रही थी।

3
मोहिनी का सफर

निरंजन सेन

4
मोहिनी का सफर

निरंजन सेन

5

टूटता विशवास

टूटता विश्वास (कहानी)
मधु ने अपनी स्कूटी उठाई और बाजार की ओर चल दी क्योंकि मम्मी उससे रसोई का सामान मंगाने के लिए बोला था और वह भूल गई और लेट हो गई थी।

मधु एक होनहार लड़की थी वह इंटर पास कर अबकी बार पास के कॉलेज में एडमिशन लिया था मधु का स्वपन था कि वह पढ़कर अध्यापिका बनना चाहती थी।

जैसे ही वे सब्जी मंडी से बाहर आई तभी एक औरत उसकी स्कूटी के सामने आई और रोते हुए कहने लगी
"मुझे आप पास के हॉस्पिटल छोड़ दो मेरे पति वहां पर सीरियस हैं।"
मधु भी उस तरफ जा रही थी उसको दया आ गई और मधु ने उसको बैठा लिया।

मधु स्कूटी ले आगे बढ़ रही थी और अगले चौराहे पर पुलिस ने उसको रोक लिया और कहने लगे" तुम भी ऐसा गलत काम करती हो शर्म नहीं आती एक इज्जत दार घर से लगती हो अगर पढ़ाई लिखाई में ध्यान दिया होता तो आज कहीं ना कहीं नौकरी कर रही होती।"

यह सब कह कर पुलिस ने उसकी स्कूटी को साइड में लगा दिया।

मधु अभी भी कुछ नहीं समझी थी वह यह देखकर अवाक रह गई कि यह क्या हो रहा है। उसको कुछ भी समझ में नहीं आ रहा था क्योंकि मधु

ने कभी ऐसा देखा नहीं था और कभी सोचा नहीं था कि ऐसा कुछ होता है जैसा कि पुलिसवालों ने उनसे कहा था।

पीछे बैठी चंपा धीरे-धीरे मुस्कुरा रही थी पुलिस ने कहा" चंपा तूने धंधे में कौन सा तरीका अपना लिया है जो इतनी जवान बच्चियो से ऐसे गलत काम करवाती हो। आप इन्हें कौन सा लोभ देती हो जो यह आपकी तरफ खींचा आती हैं।"

अब मधु सबको समझ गई थी मधु जैसे ही बोलने का प्रयास करती है पुलिस वाले ने उसे डांट कर चुप कर दिया और मधु रोने लग गई कि जिसने कभी ऐसा सोचा भी नहीं था आज उस पर यह आरोप लग रहे हैं।

क्योंकि जो पीछे बैठी चंपा देह व्यापार चलाती थी और ना जाने ऐसे कितने बच्चियो को नए नए ढंग से अपने जाल में फंसाती थी।

पुलिस ने मधु के पापा को बुलाया जोकि एक स्कूल के अध्यापक थे आज छुट्टी होने की वजह से वह घर पर ही थे। पुलिस ने सारी बात मधु के पापा को बताई परंतु मधु के पापा को पुलिस की बातों पर विश्वास नहीं हो रहा था और मधु पर एक आरोप लगाया जा रहा था। पर करे तो क्या करें?

मधु रोते हुए बार-बार यही कह रही थी कि मैंने इसकी हेल्प की है उसको हॉस्पिटल आना था क्योंकि यहां पर इसका पति बीमार था और मैंने मानवता के नाते इसको लिफ्ट दी थी मेरी कहां गलती है। यदि उसने झूठ बोला तो मैं कहां गलत हूं क्योंकि चंपा ने उससे झूठ ही बोला था।

मधु का पापा मधु को घर ले आया परंतु मधु के दिमाग में एक ही बात चल रही थी कि वह कहां गलत थी जिस पर इतना बड़ा आरोप लगा। आज मधु ने मानवता को मरते हुए देखा था।

वह बार-बार उस दृश्य को सोच रही थी।

निरंजन

6
टूटता विशवास

यह सब कह कर पुलिस ने उसकी स्कूटी को साइड में लगा दिया।

मधु अभी भी कुछ नहीं समझी थी वह यह देखकर अवाक रह गई कि यह क्या हो रहा है। उसको कुछ भी समझ में नहीं आ रहा था क्योंकि मधु ने कभी ऐसा देखा नहीं था और कभी सोचा नहीं था कि ऐसा कुछ होता है जैसा कि पुलिसवालों ने उनसे कहा था।

पीछे बैठी चंपा धीरे-धीरे मुस्कुरा रही थी पुलिस ने कहा" चंपा तूने धंधे में कौन सा तरीका अपना लिया है जो इतनी जवान बच्चियो से ऐसे गलत काम करवाती हो। आप इन्हें कौन सा लोभ देती हो जो यह आपकी तरफ खींचा आती हैं।"

अब मधु सबको समझ गई थी मधु जैसे ही बोलने का प्रयास करती है पुलिस वाले ने उसे डांट कर चुप कर दिया और मधु रोने लग गई कि जिसने कभी ऐसा सोचा भी नहीं था आज उस पर यह आरोप लग रहे हैं।

क्योंकि जो पीछे बैठी चंपा देह व्यापार चलाती थी और ना जाने ऐसे कितने बच्चियो को नए नए ढंग से अपने जाल में फंसाती थी।

पुलिस ने मधु के पापा को बुलाया जोकि एक स्कूल के अध्यापक थे आज छुट्टी होने की वजह से वह घर पर ही थे। पुलिस ने सारी बात मधु के पापा को बताई परंतु मधु के पापा को पुलिस की बातों पर विश्वास नहीं हो रहा था और मधु पर एक आरोप लगाया जा रहा था। पर करे तो क्या करें?

निरंजन सेन

7

टूटता विशवास

मधु रोते हुए बार-बार यही कह रही थी कि मैंने इसकी हेल्प की है उसको हॉस्पिटल आना था क्योंकि यहां पर इसका पति बीमार था और मैंने मानवता के नाते इसको लिफ्ट दी थी मेरी कहां गलती है। यदि उसने झूठ बोला तो मैं कहां गलत हूं क्योंकि चंपा ने उससे झूठ ही बोला था।

मधु का पापा मधु को घर ले आया परंतु मधु के दिमाग में एक ही बात चल रही थी कि वह कहां गलत थी जिस पर इतना बड़ा आरोप लगा। आज मधु ने मानवता को मरते हुए देखा था।

वह बार-बार उस दृश्य को सोच रही थी।

निरंजन

8
टूटता विशवास

9
टूटता विशवास

10
हौसले की उड़ान

हौसले की उड़ान (कहानी)

आज मनु बहुत खुश लग रही थी क्योंकि आज उसके मामा जी मनु को लेने के लिए आ रहे हैं। मन्नू के कक्षा 9 के पेपर समाप्त हो गए हैं और वह बहुत ही उत्साहित है क्योंकि उसके सभी पेपर अच्छे हुए और वह मम्मी से बता रही थी कि मम्मी मैं कक्षा में प्रथम स्थान प्राप्त करूंगी।

मनु रमेश की इकलौती पुत्री थी रमेश के 1 पुत्र तन्मय में जो की मनु से 4 वर्ष छोटा और कक्षा 7 में पढ़ रहा था। दोनों ही बच्चे पढ़ने में बहुत ही होशियार थे। रमेश भी अपने बच्चों की कामयाबी पर बहुत खुश होता था।

मनु भी आज सुबह से व्यस्त थी वह अपना सामान बैग में पैक कर रही थी। तभी घंटी बजती है और मनु दौड़कर गेट खोलती है तो गेट पर मामाजी को देखकर फूली नहीं समाती है।

11
हौसले की उड़ान

मनु- मामा जी नमस्ते!
मामा- नमस्ते बेटी !मनु कैसे और आपके पेपर कैसे हुए।
मनु- मामा मैं ठीक हूं और मेरे पेपर भी अच्छे गए हैं इस बार में कक्षा में प्रथम आऊंगी।
मामा- शबास बेटी।
(इतना कहकर मनु अंदर से मामा के लिए पानी लेने चली गई।)

चाय नाश्ता हो जाने के बाद मनु भी मामा के साथ मामा के घर के लिए चल पड़ी। मनु इतनी खुश थी कि वह जल्दी से जाकर गाड़ी में बैठ गई परंतु मनु को यह कहां पता था कि समय किस ओर ले जा रहा है। कहीं पल भर की खुशी गमों में तब्दील ना हो जाए।

मनु एक होनहार बच्ची थी वह बचपन से डॉक्टर बनने का स्वपन देखती थी वह अपने पिता को कहती थी कि आपका नाम रोशन करूंगी।

मनु और उसका मामा दोनों घर से चल पड़े मनु को बहुत खुशी हो रही थी कि थोड़ी देर में मामा के घर पहुंच जाएगी गाड़ी कुछ ही दूर चली थी कि एक ट्रक ने ओवरटेक कर गाड़ी को टक्कर मार दी हादसे इतना भयंकर था कि गाड़ी चूर चूर हो गई।

मनु और उसके मामा जी मौके पर ही बेहोश हो गए लोगों ने उनको सिटी हॉस्पिटल में भर्ती कराया और मनु के परिवार को इसकी सूचना दे दी गई जब इस घटना को सविता ने सुना तो वह अपनी शुद्ध खो बैठी

किंतु वह और उसका पति हॉस्पिटल पहुंच गए। उन्होंने डॉक्टर से बात करने पर पता चला कि मनु अपना दायां हाथ खो बैठी है।

मनु का हाथ का ऑपरेशन करके अलग करना है। इसका सदमा रमेश को लगा और सोचने लगा कि अब मनु अपना सपना कैसे पूरा कर पाएगी।

12
हौसले की उड़ान

क्योंकि मनु जिस हाथ से लेखन और अन्य कार्य करती थी वह उसने इस हादसे में खो दिया है। परंतु रमेश ने इस समय हौसले से काम लिया।

इधर डॉक्टर मनु के ऑपरेशन के लिए तैयारियां शुरू करने लगे और उधर मनु के माता-पिता भगवान से ठीक होने की प्रार्थना कर रहे थे।

मनु के मामा रवि के सिर में ज्यादा चोट आई थी और पैर में फैक्चर था यह रमेश और सविता के लिए मुसीबत की खड़ी थी उधर रवि को होश आ गया था और विनय मनु के बारे में पूछा तो सविता रोने लग गई।

रमेश सविता को हिम्मत बढ़ाता है और बाहर ले जाकर समझाता।

रवि- बताओ ना मनु कैसी है?

रमेश- हिम्मत बांधते हुए; मनु का दाया हाथ का ऑपरेशन होगा।

रवि- ओहो ! यह तो बहुत बुरा हुआ।

सविता- कोई नहीं भैया भगवान सब ठीक करेगा।

(इतने में डॉक्टर अंदर से आया और बताया कि अब मनु ठीक है परंतु उसने अपना हाथ खो दिया अब आप मनुष्य मिल सकते हो सविता और रमेश दोनों मनु से मिलने गए।)

सविता- मनु बेटी अब कैसी हो।

मनु का यह शब्द जब कान में पड़े तो वह रोने लग गई।

मनु- मम्मी मामा कैसे हैं?

सविता- बेटा आपके मामा जी ठीक हैं।

मनु- मम्मी हम घर कब चलेंगे?
रमेश- बेटा हम जल्दी ही घर चलेंगे श्याम को छुट्टी मिल जाएगी।
(डॉक्टर ने मनु की जांच कर उसे हॉस्पिटल से छुट्टी दे दी। रमेश और सविता मनु को घर ले आए थे।
रवि अब ठीक था रवि को पहले ही छुट्टी मिल चुकी थी।)

आज मनु बहुत खुश थी क्योंकि आज उसका परिणाम आने वाला था परंतु वह सोच रही थी कि अब वह आगे नहीं पढ़ पाएगी क्योंकि उसने अपना हाथ को दिया था। फिर भी वह मन से नही हारी थी। वह पढ़ना चाहती थी डॉक्टर बनने का सपना पूरा करना चाहती थी।

मनु का परिणाम आ गया उसने कक्षा में प्रथम स्थान प्राप्त किया था जब अध्यापक को मनु के बारे में पता चला तो वह मनु के घर पर मनु से मिलने आ गए।
मनु अध्यापकों को देख कर रोने लगी और कहने लगी कि क्या सर मैं पढ़ पाऊंगी और अपने सपने को पूरा कर पाऊंगी।

तभी एक अध्यापक ने एक कहानी सुनाई जिसमें एक इसी तरह की लड़की अपने सपनों को कैसा पूरा करती है। इस कहानी को सुनकर मनु के अंदर 1 हौसले की ज्वाला जाग गई और उसने निश्चय किया कि वह पढेगी सभी अध्यापकों ने और माता पिता ने उसके हिम्मत बंधाई।

छुट्टियां खत्म होने के बाद मन्नू एक नई विश्वास के साथ विद्यालय जाने लगी और कुछ दिनों बाद वह इस घटना को भूल गई थी। क्योंकि उसने अपनी लगन और मेहनत से बाएं हाथ से इतना सुंदर लिखने लगी थी कि जो भी देखता वह दांतो तले उंगली दबा लेता था और मनु की कामयाबी और हौसले की सराहना करते थे।

समय बीतता गया और मनु भी अपने सपने को पूरा करने में लगी रही उसने दसवी और बारहवीं कक्षा में प्रथम स्थान प्राप्त किया और वह डॉक्टर की तैयारी में जुट गई और वह अब सब कुछ को भूल चुकी थी केवल उसको अपने हौसले के साथ सपना पूरा करना था जो कभी पढ़ने की भी नहीं सोच रही थी वह आज अपने मुकाम की अंतिम सीढ़ी पर थी। कुछ दिनों बाद पता चला कि मन्नू का एमबीबीएस में सिलेक्शन हो गया है तो चारों और खुशी की लहर दौड़ गई और सभी मनु के हौसले और

मेहनत को सराहना कर रहे थे।

मनु के माता-पिता फूले नहीं समा रहे थे क्योंकि मनु ने आज अपने हौसले से मुकाम को पा लिया था। ममनु को पढ़ाई के लिए शहर जाना था इस बात से घरवाले चिंतित थे परंतु मनु का हौसला बढ़ता जा रहा था वह शहर में जाकर नियमित पढ़ाई करने लगी और मनु ने अच्छे अंको से एमबीबीएस किया और क्षेत्र की अच्छे डॉक्टर बनी।

(मनु की आंखों में जो चमक थी वह उसके हौसले धैर्य दृढ़ इच्छा और मेहनत से मिली थी वह इतनी बड़ी दुर्घटना से भी हार नहीं मानी और वह अपने हौसले के बल पर हार कर भी जीत गई)

जीवन में हर चीज संभव है ,बस हौसले मजबूत होने चाहिए।

निरंजन

13
हौसले की उड़ान

 छुट्टियां खत्म होने के बाद मन्नू एक नई विश्वास के साथ विद्यालय जाने लगी और कुछ दिनों बाद वह इस घटना को भूल गई थी। क्योंकि उसने अपनी लगन और मेहनत से बाएं हाथ से इतना सुंदर लिखने लगी थी कि जो भी देखता वह दांतो तले उंगली दबा लेता था और मनु की कामयाबी और हौसले की सराहना करते थे।

 समय बीतता गया और मनु भी अपने सपने को पूरा करने में लगी रही उसने दसवी और बारहवीं कक्षा में प्रथम स्थान प्राप्त किया और वह डॉक्टर की तैयारी में जुट गई और वह अब सब कुछ को भूल चुकी थी केवल उसको अपने हौसले के साथ सपना पूरा करना था जो कभी पढ़ने की भी नहीं सोच रही थी वह आज अपने मुकाम की अंतिम सीढ़ी पर थी। कुछ दिनों बाद पता चला कि मन्नू का एमबीबीएस में सिलेक्शन हो गया है तो चारों और खुशी की लहर दौड़ गई और सभी मनु के हौसले और मेहनत को सराहना कर रहे थे।

14
हौसले की उड़ान

मनु के माता-पिता फूले नहीं समा रहे थे क्योंकि मनु ने आज अपने हौसले से मुकाम को पा लिया था। ममनु को पढ़ाई के लिए शहर जाना था इस बात से घरवाले चिंतित थे परंतु मनु का हौसला बढ़ता जा रहा था वह शहर में जाकर नियमित पढ़ाई करने लगी और मनु ने अच्छे अंको से एमबीबीएस किया और क्षेत्र की अच्छे डॉक्टर बनी।

(मनु की आंखों में जो चमक थी वह उसके हौसले धैर्य दृढ़ इच्छा और मेहनत से मिली थी वह इतनी बड़ी दुर्घटना से भी हार नहीं मानी और वह अपने हौसले के बल पर हार कर भी जीत गई)

जीवन में हर चीज संभव है ,बस हौसले मजबूत होने चाहिए।

निरंजन

15
हौसले की उड़ान

www.ingramcontent.com/pod-product-compliance
Lightning Source LLC
LaVergne TN
LVHW041718060526
838201LV00043B/797